Made in the USA
Las Vegas, NV
09 December 2020

12504287R00057